Médailles d'Or aux Expositions universelles de **Paris, 1878**, de **Londres, 1884** et d'**Anvers, 1885**.
DIPLOMES D'HONNEUR A LONDRES ET A TOULOUSE 1884, ET A LA NOUVELLE-ORLEANS, 1885.
Autres Médailles à Londres 1871, Paris et Annecy 1872, Vienne 1873, Paris 1875, Beauvais 1879, Lyon 1880, Bruxelles 1882, Rio de Janeiro 1883.

ATLAS
DE
GÉOGRAPHIE
PHYSIQUE & POLITIQUE

PAR F. I. C.

ATLAS B DE 10 CARTES
POUR L'ENSEIGNEMENT PRIMAIRE

Accidents géographiques. — Etat-Major.
Éléments de cartographie. — Applications.
Races humaines, Animaux et Plantes.
Cosmographie, Mappemonde, Océanie.
Europe, Asie.
Afrique Amérique.
France physique par bassins.
France politique.
France chemins de fer.
Palestine.

Tout exemplaire non revêtu de la signature ci-contre sera réputé contrefait.

PARIS
PROCURE GÉNÉRALE
27, RUE OUDINOT, 27

PARIS
POUSSIELGUE FRÈRES
15, RUE CASSETTE, 15

TOURS
ALFRED MAME & FILS
IMPRIMEURS-ÉDITEURS

DIX-SEPTIÈME EDITION 1888

ATLAS
DE
GÉOGRAPHIE

A L'USAGE

Des Écoles Chrétiennes des Frères

PAR F. I. C.

EXERCICES PRÉLIMINAIRES

LES ACCIDENTS GÉOGRAPHIQUES

Vus dans la nature, et manière de les représenter sur une carte ou plan

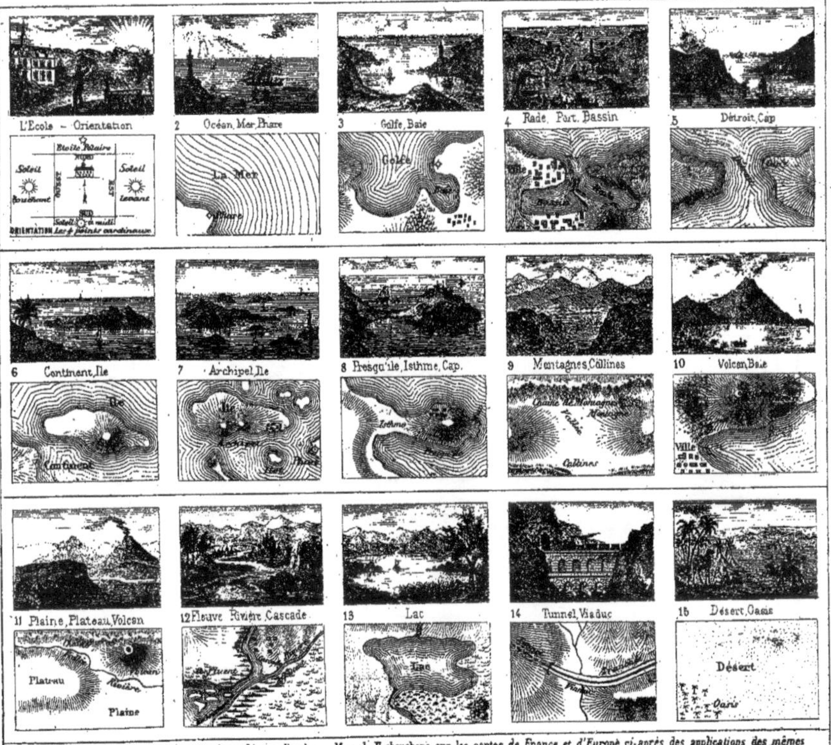

L'élève donnera la définition des termes géographiques, d'après son Manuel. Il cherchera sur les cartes de France et d'Europe ci-après des applications des mêmes définitions.— Il répondra à des questions analogues à celles-ci : Qu'est-ce qu'une île ?... Qu'est-ce qu'un cap ?... Quelle est la figure de cette planche qui représente une île ?... un cap ?... Montrez et nommez un fleuve, une presqu'île sur la carte de France ? Citez une île, un cap, un détroit en Europe.

(C.)

Paris. Imp. F. Ménétrier. 7, Rue Blainville

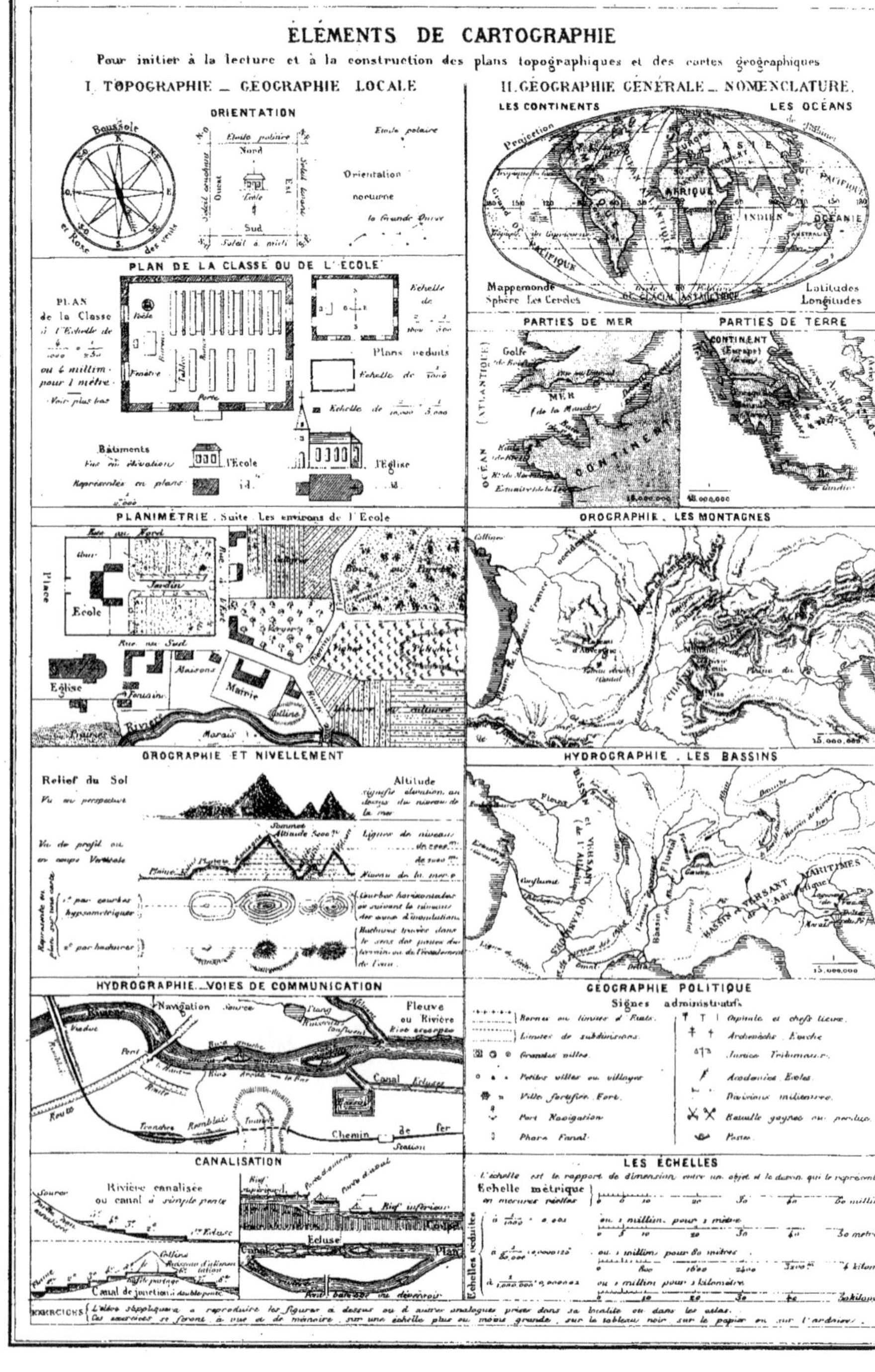
ÉLÉMENTS DE CARTOGRAPHIE
Pour initier à la lecture et à la construction des plans topographiques et des cartes géographiques
I. TOPOGRAPHIE _ GÉOGRAPHIE LOCALE
II. GÉOGRAPHIE GÉNÉRALE _ NOMENCLATURE.
ORIENTATION
Boussole et Rose des vents
Nord
Ouest
Est
Sud
Soleil à midi
Étoile polaire
Orientation nocturne
la Grande Ourse
LES CONTINENTS
LES OCÉANS
AFRIQUE
Mappemonde
Sphère Les Cercles
Latitudes
Longitudes
PLAN DE LA CLASSE OU DE L'ÉCOLE
PLAN de la Classe
ou 4 millim. pour 1 mètre
Plans réduits
Bâtiments
l'École
l'Église
PARTIES DE MER
PARTIES DE TERRE
Golfe
MER
CONTINENT
PLANIMÉTRIE . Suite . Les environs de l'École
Place
École
Jardin
Église
Mairie
Maisons
Rivière
OROGRAPHIE . LES MONTAGNES
OROGRAPHIE ET NIVELLEMENT
Relief du Sol
Altitude
HYDROGRAPHIE . LES BASSINS
HYDROGRAPHIE _ VOIES DE COMMUNICATION
Navigation
Fleuve ou Rivière
Canal
Chemin de fer
GÉOGRAPHIE POLITIQUE
Signes administratifs
CANALISATION
Rivière canalisée ou canal à simple pente
Écluse
Canal de jonction
LES ÉCHELLES
Échelle métrique
Échelles réduites
EXERCICES

APPLICATIONS. FRAGMENTS DE LA CARTE DE FRANCE DE L'ÉTAT-MAJOR à $\frac{1}{80\,000}$ ET AUTRES.

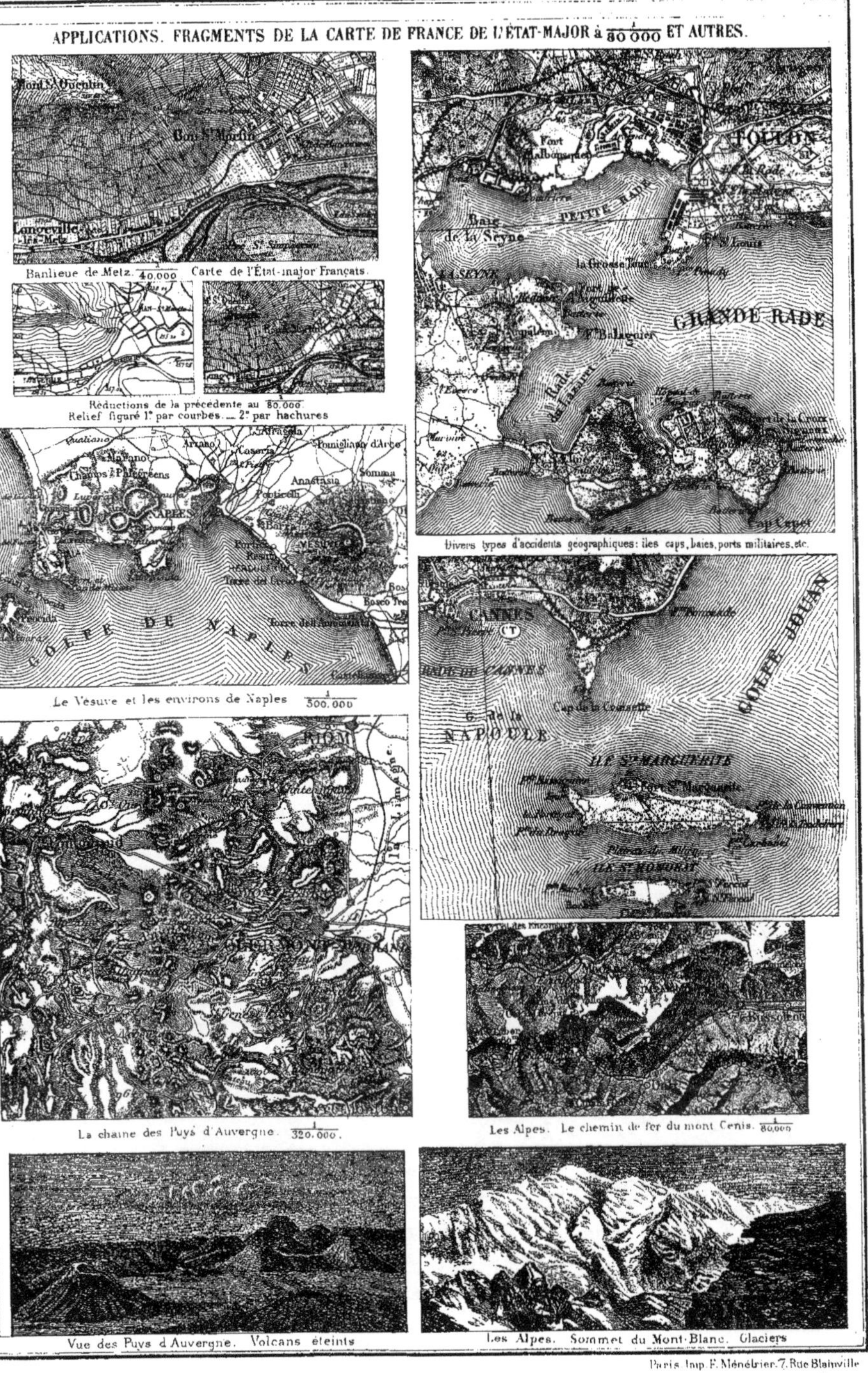

Banlieue de Metz. $\frac{1}{40.000}$ Carte de l'État-major Français.

Réductions de la précédente au $\frac{1}{80.000}$.
Relief figuré 1° par courbes. — 2° par hachures

Divers types d'accidents géographiques: îles, caps, baies, ports militaires, etc.

Le Vésuve et les environs de Naples $\frac{1}{300.000}$

La chaine des Puys d'Auvergne. $\frac{1}{320.000}$.

Les Alpes. Le chemin de fer du mont Cenis. $\frac{1}{80.000}$

Vue des Puys d'Auvergne. Volcans éteints

Les Alpes. Sommet du Mont-Blanc. Glaciers

Paris. Imp. F. Ménétrier. 7. Rue Blainville

FRAGMENTS DE LA CARTE DE FRANCE DE L'ÉTAT-MAJOR, à $\frac{1}{80\,000}$.

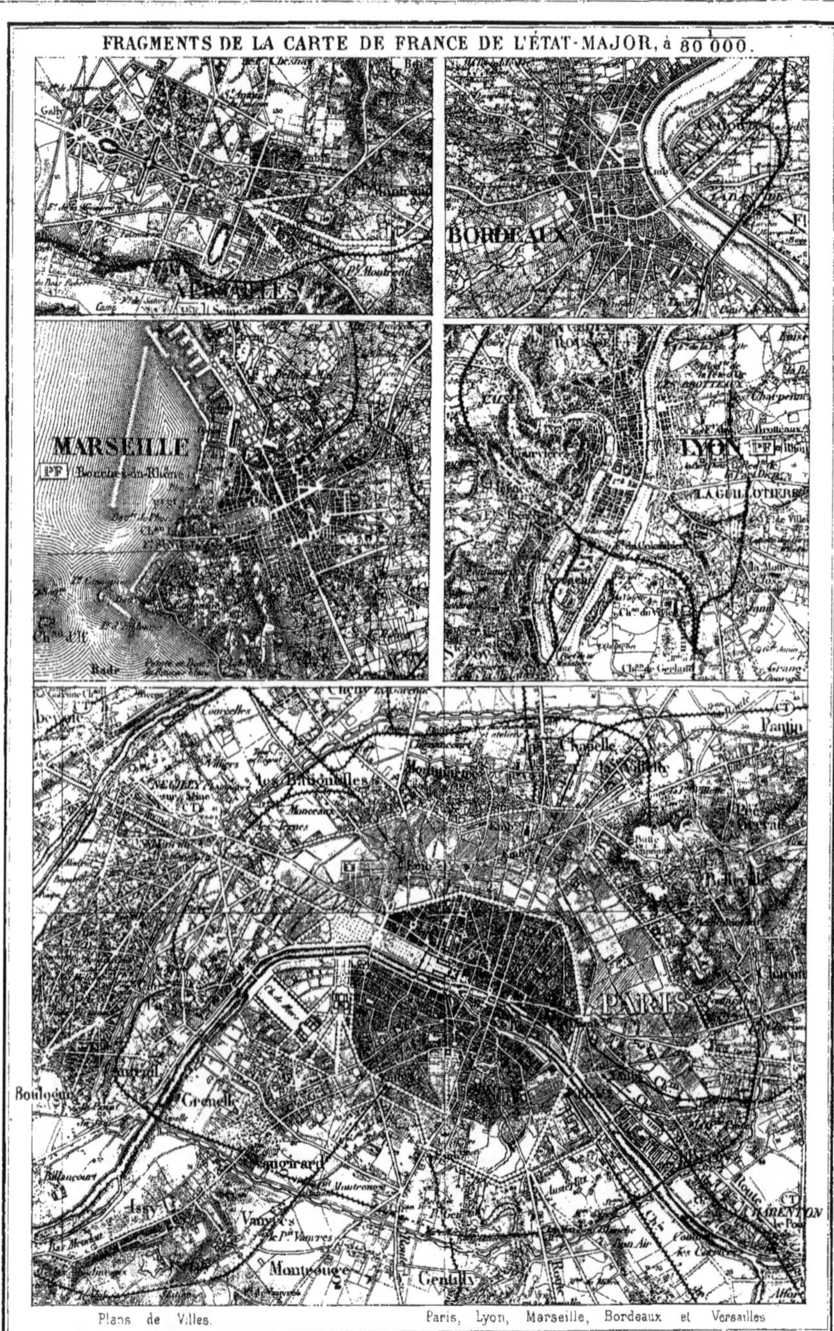

Plans de Villes. Paris, Lyon, Marseille, Bordeaux et Versailles

Publié avec l'autorisation de M. le Ministre de la Guerre.

LES RACES HUMAINES.

RACE JAUNE - Chinois

RACE BRUNE - Malais

RACE BLANCHE - Romain

RACE ROUGE - Indien

RACE NOIRE - Cafre

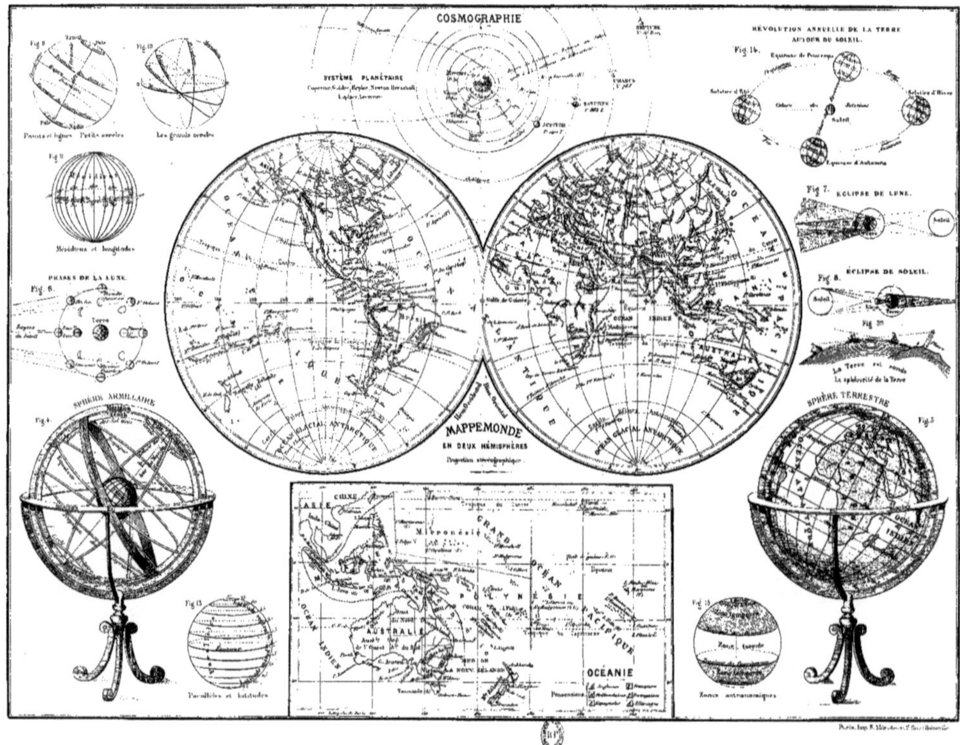
COSMOGRAPHIE
SYSTÈME PLANÉTAIRE
Copernic, Galilée, Kepler, Newton, Herschell, Laplace, Leverrier
JUPITER
SATURNE
RÉVOLUTION ANNUELLE DE LA TERRE AUTOUR DU SOLEIL.
Fig. 14.
Soleil
Équinoxe d'Automne
Fig. 7. ÉCLIPSE DE LUNE.
Fig. 8. ÉCLIPSE DE SOLEIL.
La Terre est ronde
La sphéricité de la Terre
Les grands cercles
Méridiens et longitudes
PHASES DE LA LUNE.
Fig. 6.
Terre
SPHÈRE ARMILLAIRE
Fig. 4.
MAPPEMONDE
EN DEUX HÉMISPHÈRES
Projection stéréographique
OCÉAN GLACIAL ANTARCTIQUE
OCÉAN INDIEN
AUSTRALIE
SPHÈRE TERRESTRE
Fig. 3
CHINE
ASIE
Micronésie
GRAND OCÉAN
POLYNÉSIE
PACIFIQUE
OCÉAN INDIEN
AUSTRALIE
OCÉANIE
Parallèles et latitudes
Zones astronomiques

LES PRINCIPALES PLANTES UTILES.
Froment
Riz
Maïs
Dattier
Cocotier
Arbre à pain
Bananier
Cacoyer
Caféier
Arbre à Thé
Betterave
Canne à Sucre
Poivrier
Muscadier
Cannellier
Vanillier
Cotonnier
Lin
Chanvre
Garance
Indigotier
Brésillet
Bois de Campêche
Safran
Olivier
Grenadier
Quinquina
Réglisse
Houblon
Bambou
Chêne-Liége
Caoutchouc
L'INDUSTRIE ET LE COMMERCE.
Chemin de fer.
Aqueduc ou Viaduc.
Canal navigable.
Bateau à vapeur.
Un naufrage.
Vaisseau de guerre (à voiles)

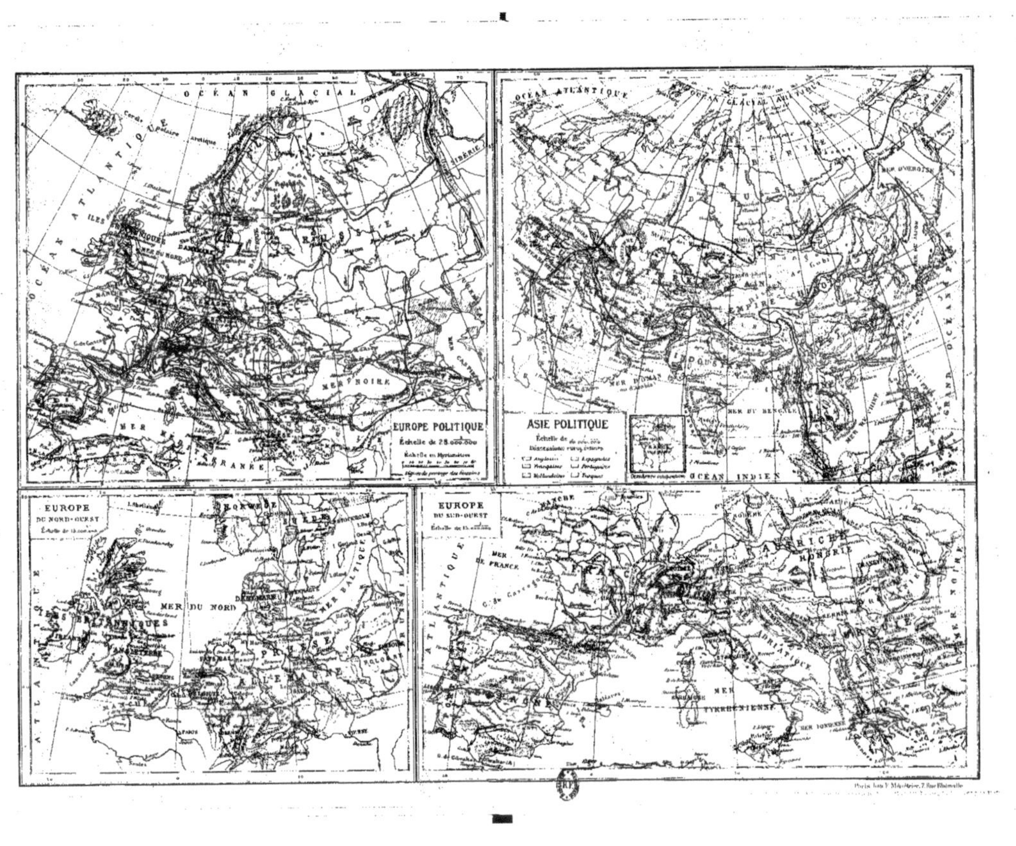
EUROPE POLITIQUE
Échelle de 25.000.000
OCÉAN GLACIAL
OCÉAN ATLANTIQUE
RUSSIE
MER NOIRE
ASIE POLITIQUE
OCÉAN INDIEN
MER DU BENGALE
EUROPE DU NORD-OUEST
MER DU NORD
MER BALTIQUE
ILES BRITANNIQUES
DANEMARK
PRUSSE
ALLEMAGNE
EUROPE DU SUD-OUEST
MER DE FRANCE
AUTRICHE HONGRIE
MER TYRRHÉNIENNE
MER IONIENNE

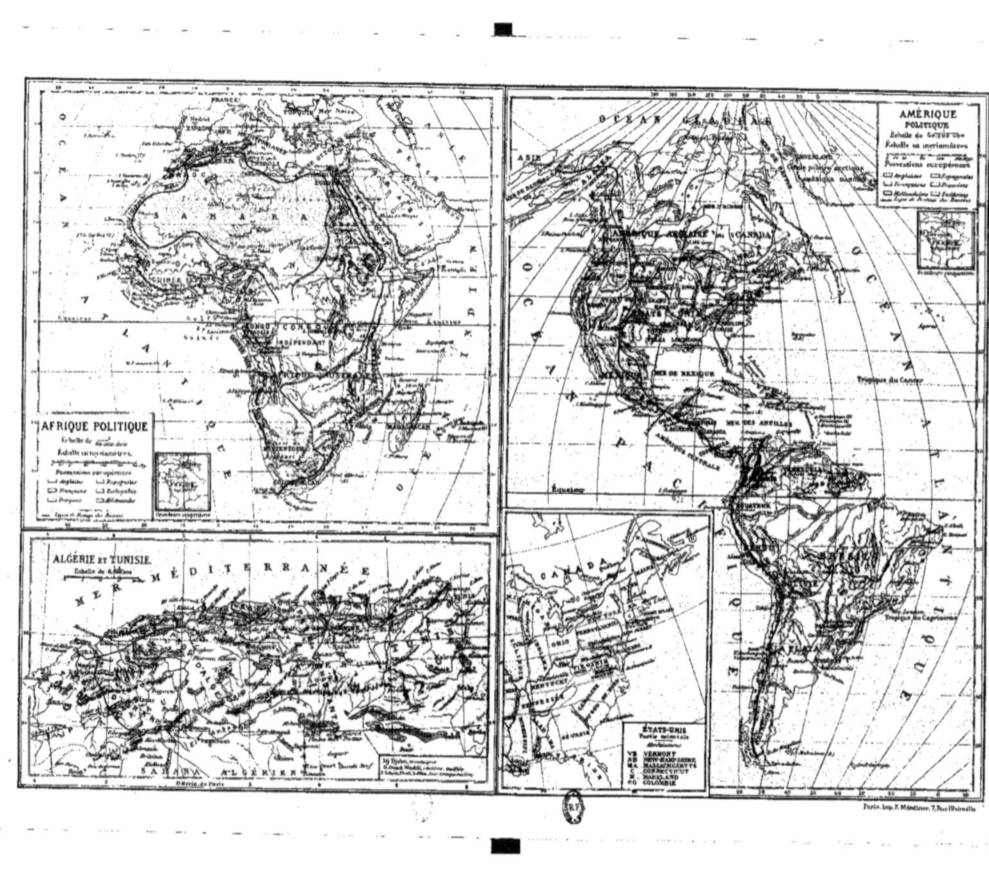

AFRIQUE POLITIQUE
SAHARA
OCÉAN ATLANTIQUE
MADAGASCAR
AMÉRIQUE POLITIQUE
Possessions européennes
OCÉAN GLACIAL
CANADA
MER DES ANTILLES
Tropique du Cancer
Tropique du Capricorne
OCÉAN ATLANTIQUE
OCÉAN PACIFIQUE
ALGÉRIE ET TUNISIE
MER MÉDITERRANÉE
SAHARA ALGÉRIEN
ÉTATS-UNIS
Partie orientale
VERMONT
NEW-HAMPSHIRE
MASSACHUSETTS
CONNECTICUT
MARYLAND
COLOMBIE
CANADA
OHIO

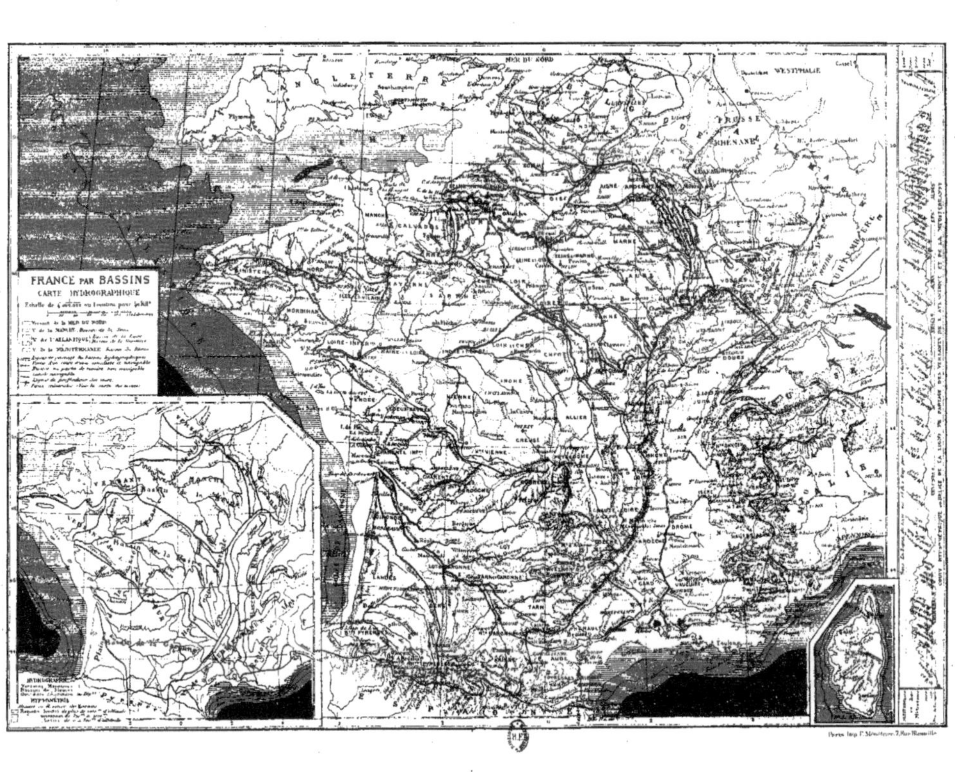
FRANCE PAR BASSINS
CARTE HYDROGRAPHIQUE
MER DU NORD
ANGLETERRE
WESTPHALIE
PRUSSE RHÉNANE

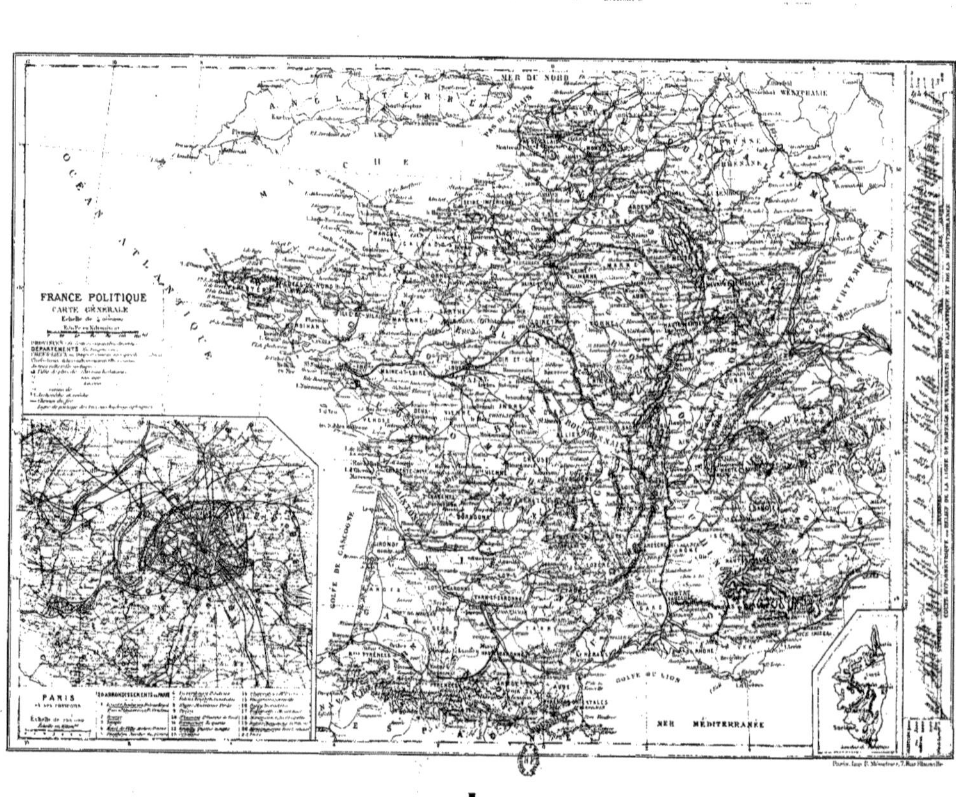
FRANCE POLITIQUE
CARTE GÉNÉRALE
DÉPARTEMENTS
MER DU NORD
ANGLETERRE
PAS DE CALAIS
MANCHE
OCÉAN ATLANTIQUE
GOLFE DE GASCOGNE
GOLFE DU LION
MER MÉDITERRANÉE
ESPAGNE
PARIS

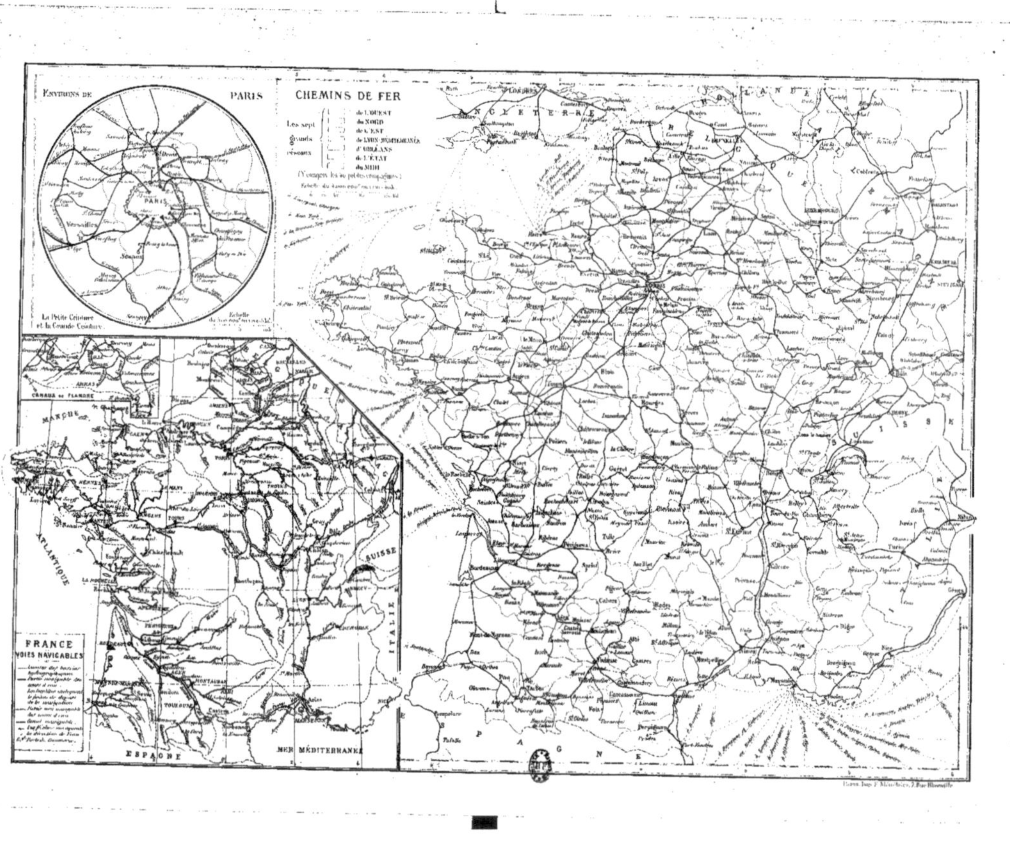
ENVIRONS DE PARIS
PARIS
Versailles
La Petite Ceinture et la Grande Ceinture
CHEMINS DE FER
Les sept grands réseaux
de L'OUEST
du NORD
de L'EST
de LYON-MÉDITERRANÉE
d'ORLÉANS
de L'ÉTAT
du MIDI
ANGLETERRE
HOLLANDE
BELGIQUE
SUISSE
ITALIE
ESPAGNE
MANCHE
ATLANTIQUE
MER MÉDITERRANÉE
FRANCE
VOIES NAVIGABLES

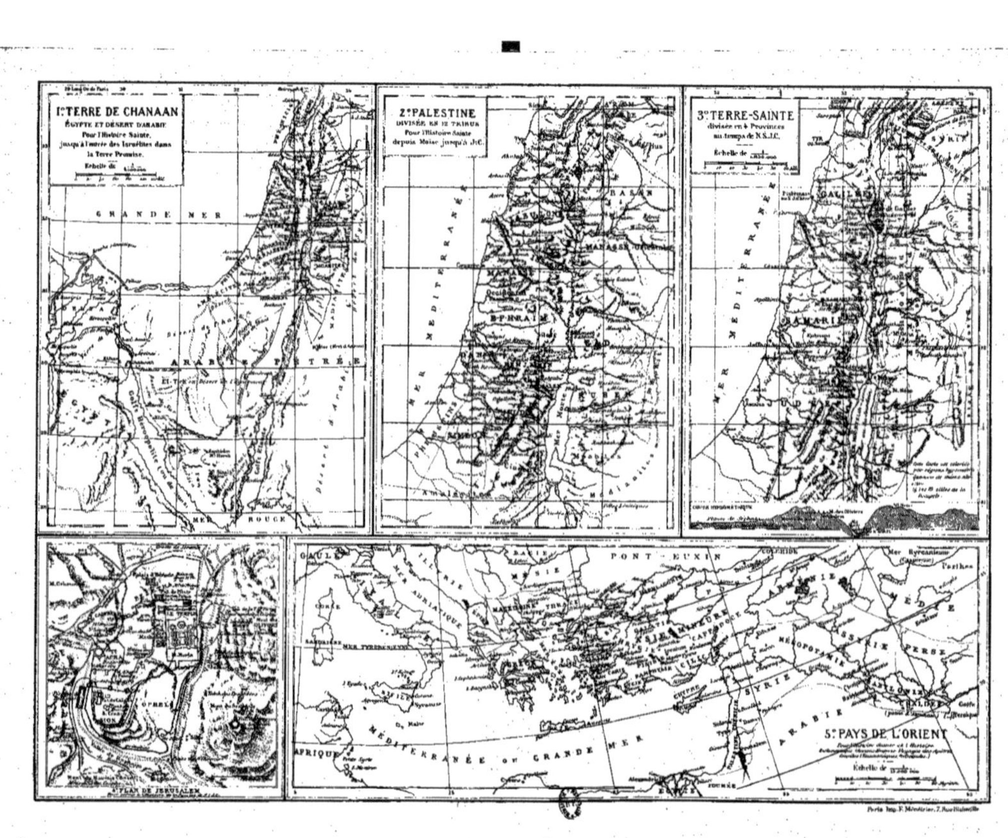

1re TERRE DE CHANAAN
ÉGYPTE ET DÉSERT D'ARABIE
Pour l'Histoire Sainte,
jusqu'à l'entrée des Israélites dans
la Terre Promise.
GRANDE MER
ARABIE PÉTRÉE
MER ROUGE
2e PALESTINE
DIVISÉE EN 12 TRIBUS
Pour l'Histoire Sainte
depuis Moïse jusqu'à J.C.
MER MÉDITERRANÉE
BASAN
MANASSÉ
ÉPHRAÏM
3e TERRE-SAINTE
divisée en 4 Provinces
au temps de N.S.J.C.
MER MÉDITERRANÉE
GALILÉE
SAMARIE
JUDÉE
SYRIE
4e PLAN DE JÉRUSALEM
OPHEL
5e PAYS DE L'ORIENT
PONT-EUXIN
MER ADRIATIQUE
MER TYRRHÉNIENNE
MÉDITERRANÉE ou GRANDE MER
GAULE
AFRIQUE
ARMÉNIE
MÉDIE
ASSYRIE
MÉSOPOTAMIE
SYRIE
ARABIE
PERSE
CHALDÉE
ÉGYPTE
CHYPRE
CILICIE
CAPPADOCE
MACÉDOINE
THRACE
MÉSIE
Paris Imp. F. Ménétrier, 7, Rue Hautefeuille

COURS DE GÉOGRAPHIE

PAR F. I. C.

Méthode expliquée au Congrès de Géographie d'Anvers, 1871

Certificat d'Honneur, Londres 1871. — Médailles de 1re Classe : Paris 1872, Annecy 1872, Vienne 1873, Congrès de Paris 1875

Médaille d'Or. Exposition universelle de Paris, 1878. **Médaille d'Argent.**

Médailles et Diplômes de 1re Classe : Beauvais 1879, Lyon 1881, Bruxelles 1882, Rio de Janeiro 1883

Diplôme d'Honneur. Exposition internationale de Londres 1884. **Médaille d'Or.**

DIPLÔME D'HONNEUR ET MÉDAILLES AU CONGRÈS DE TOULOUSE 1884

HONORÉ DE PLUSIEURS SOUSCRIPTIONS DES GOUVERNEMENTS FRANÇAIS, DE BELGIQUE, DE RUSSIE, D'ITALIE, DE SUISSE, DU CANADA

LIVRES

1. **Méthodologie de Géographie,** appliquée au Cours élémentaire (Partie du maître), in-12.
2. **Cours élémentaire de Géographie,** in-18, 72 pages, avec cartes et figures.
3. **Cours moyen de Géographie,** 120 pages.
4. **Cours supérieur de Géographie,** pour l'enseignement primaire, in-12, 280 pages.
5. **Cours spécial de Géographie universelle,** pour l'enseignement secondaire, un fort vol. illustré.
6. **Notice sur la carte hypsométrique de France,** 72 pages.
7. **Notice sur la carte hypsométrique d'Europe,** 72 pages.
8. **Notice sur la Mappemonde,** 62 pages.
9. **Congrès d'Anvers.** La question de l'enseignement géographique. Annexé à la Méthodologie.

CAHIERS D'EXERCICES CARTOGRAPHIQUES

10. **Cahier préparatoire No 1,** Exercices sur la France et l'Europe.
11. **Cahier No 2,** sur la France (1re série).
12. **Cahier No 3,** id. (2e série).
13. **Cahier No 4,** id. (3e série).
14. **Cahier No 5,** sur les cinq parties du monde.
15. **Cahier No 6,** sur l'Europe.
16. **Cahier No 7,** sur l'Asie, l'Afrique, etc.
17. **France physique** muette, in-folio.
18. **France politique** muette, in-folio.

ATLAS

19. **Géographie Atlas,** cartes, texte et devoirs.
20. **Atlas A petit format,** 8 cartes, avec exercices et questions, et nombreuses vignettes.
21. **Atlas B de 8 (10) cartes,** grand format. Enseignement primaire.
22. **Atlas C de 14 (18) cartes,** grand format.
23. **Atlas D de 30 (33) cartes.** Enseignent secondaire.
24. **Atlas E de 36 (50) cartes,** dont 14 pour l'histoire universelle et l'Histoire de France.

GRANDES CARTES MURALES

Largeur : 2m ; hauteur : 1m,75.

25. **France élémentaire,** pour les classes inférieures.
26. **France administrative** pour toutes les classes.
27. **Europe hypsométrique ou physique,** pour les classes supérieures.
28. **Europe politique** pour toutes les classes.
29. **Europe hypsométrique ou physique,** pour les classes supérieures.
30. **Mappemonde,** avec planisphère commercial.
31. **Petite France,** de 1m,30 sur 1m.
32. **Petite Palestine.** —
33. **Petite Europe.** —
34. **Petite Mappemonde.** —

PETITES CARTES MURALES MUETTES

De 1m,15 sur 0,m90, pour les récitations. (En feuilles, ou collées sur toile, ou en atlas.)

35. **Mappemonde et Océanie** carte muette.
36. **Europe politique** (cours moyen) —
37. **Europe hypsométrique** (cours sup.) —
38. **Asie** physique et politique —
39. **Afrique** — —
40. **Amérique Nord** physique et politique —
41. **Amérique Sud** — —
42. **France orographique.** —
43. **France hydrographique.** —
44. **France administrative.** —
45. **Palestine.** —
46. **Panorama géographique,** une feuille coloriée.
47. **Rose des Vents,** pour l'orientation des classes, feuille coloriée à fixer au plafond.
48. **Tableau-Carte** de France et d'Europe, en toile ardoisée, pour exercices cartographiques.
49. **Relief submersible,** pour faire comprendre l'hypsométrie appliquée aux cartes murales physiques.
50. **Relief-Paysage,** résumant les accidents géographiques, pour les classes inférieures. En plâtre-staff, peint à l'huile.
51. **Petit Relief-Type,** réduction du précédent.
52. **Porte-Cartes,** avec 3 ou 4 rouleaux.

EXTRAIT DES OBSERVATIONS GÉNÉRALES SUR LES ATLAS

II. — *Chaque planche* des atlas renferme en moyenne *deux cartes*, de sorte que chaque atlas contient en réalité le double du nombre de cartes porté sur le titre.

III. — Les cartes sont imprimées en chromolithographie : les eaux, fleuves et mers, sont en *bleu* ; les montagnes, en *bistre* (brun-jaunâtre), et les écritures, en *noir*. Cette disposition est admise dans les publications les plus modernes.

VI. — Pour le dessin des montagnes, nous employons en général le mode ordinaire des *hachures*, tracées dans le sens des pentes du terrain. L'impression en *bistre* a pour effet d'atténuer la confusion qui résulte ordinairement de ces hachures, lorsqu'elles sont très-multipliées comme dans les régions montagneuses.

VII. — Dans les Atlas C, D et E les cartes de l'Europe, de l'Asie, de l'Afrique, de l'Amérique et de la France sont spécialement *hypsométriques* et donnent l'altitude générale par le moyen de *teintes conventionnelles* : les régions basses en teintes *vertes*, les régions moyennes en teintes *bistres*, et les régions hautes en teintes *brunes*.

VIII. — Sur la grande carte physique de la France, (Atlas C) les teintes hypsométriques sont limitées par des *courbes de niveau*. Ces courbes sont des lignes passant par les points de même altitude, de sorte qu'elles figureraient de nouveaux rivages de la mer, si celle-ci venait à s'élever de la quantité indiquée par la cote ou chiffre écrit sur chaque courbe (1).

IX. — Les cartes de France donnent plusieurs *coupes de relief*, destinées à faciliter notamment l'étude des lignes de partage des bassins hydrographiques.

X. — Les *lignes de partage* des bassins sont marquées généralement par un *filet de couleur rouge-vermillon*.

XII. — On a affecté, autant que possible, à chaque division politique importante une *couleur spéciale*, qui aide à retrouver cette contrée sur les diverses cartes de l'Atlas, et facilite notamment la recherche des colonies européennes.

XIII. — Les cartes générales de l'Asie, de l'Afrique, de l'Amérique et de l'Océanie portent, dans un cartouche, la *France* et la *Belgique* dressées à la même échelle. Ces petites cartes fournissent les *unités de comparaison*, tant pour la superficie des contrées que pour la longueur des fleuves et l'étendue des chaînes de montagnes.

XVII. — Les *éléments de cartographie*, placés en tête des atlas, ont pour but d'initier les élèves au tracé des cartes locales et plans topographiques, et les *Fragments de la carte de l'État-major*, de les habituer à lire et à interpréter cette belle carte qu'il importe à chacun de connaître.

(1) Aujourd'hui que l'on voit se généraliser l'usage des cartes hypsométriques par courbes de niveau et par teintes conventionnelles, on nous permettra de rappeler ici que nos cartes murales de ce genre ont été « *les premières publiées en langue française pour les écoles* » (M. d'Omalius d'Halloy, au Sénat belge, 1871 ; M. Levasseur, de l'Institut, à la Société de Géographie de Paris, 1872 ; MM. Van Hasselt et Buisson, rapports officiels sur l'Exposition de Vienne de 1873). — On peut en dire autant de nos Atlas qui renferment des cartes analogues depuis 1867.

1888

IMP. T. HERMET, PARIS - ORLÉANS.

www.ingramcontent.com/pod-product-compliance
Ingram Content Group UK Ltd.
Pitfield, Milton Keynes, MK11 3LW, UK
UKHW020515230726
13925UKWH00005B/2169

9 782014 430998